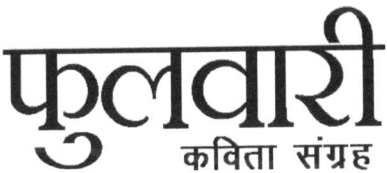

फुलवारी

कविता संग्रह

धवल पांडे

BlueRose Publishers

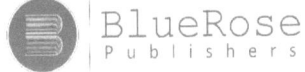

© **Dhawal Pandey 2021**
All rights reserved

All rights reserved by author. No part of this publication may be reproduced, stored in a retrieval system or transmitted in any form or by any means, electronic, mechanical, photocopying, recording or otherwise, without the prior permission of the author.

Although every precaution has been taken to verify the accuracy of the information contained herein, the author and publisher assume no responsibility for any errors or omissions. No liability is assumed for damages that may result from the use of information contained within.

First Published in July 2021

ISBN: 978-93-5427-360-5

BLUEROSE PUBLISHERS

www.bluerosepublishers.com
info@bluerosepublishers.com
+91 8882 898 898

Cover Design:
Nikita tripathi

Typographic Design:
Ilma Mirza

Distributed by: BlueRose, Amazon, Flipkart, Shopclues

गुलदस्ता

कुछ बातें दिल से.. 1
१. ज़िन्दगी - एक संवाद....................................... 8
२. मैं तुझे फिर मिलूंगा... 10
३. मैं कहानियों में आकर चला गया........................ 13
४. जन्मदिन.. 16
५. वो कचरे का ढेर... 18
६. शून्य... 21
७. अधूरा किस्सा.. 24
८. चिरय्या... 28
९. एक सैनिक का दर्द... 31
१०. लेखक की अधूरी कहानी................................ 35
११. वो मीठी मुहब्बत.. 37
१२. आँसू.. 39
१३. गुज़रा ज़माना.. 41
१४. हम दोनों.. 43
१५. वेदना... 46
१६. अश्वमेध... 48
१७. लम्हे इंतज़ार के... 50
१८. क्यों सिमट कर आई यूं ज़िन्दगी बेवजह............ 53
१९. सच को सपने सा फिसलते देखा है................ 55
२०. रहना तू है जैसी तू... 57
२१. इंसानियत... 60
२२. मेरी अधूरी कहानी.. 62
२३. जीवन की कीमत.. 64

२४. गुलाबी ठंड 67
२५. कौतूहल 69
२६. सारांश 72
२७. ज़िन्दगी की तस्वीर 74
२८. मंजिले निकल गई, हम राह ढूंढते रहे 76
२९. मंजिल 79
३०. दिल की डोरी 81
३१. बूँद 84
३२. हमसफर 88
३३. देर लगी लेकिन मैंने अब है जीना सीख लिया 91
३४. तेरी वो तस्वीर 93
३५. अठखेली का मंज़र 95
३६. वो हसीन पल 97
३७. तेरे बिन 99
३८. गमजदा 101
३९. हार 103
४०. अनकही ज़िन्दगी 105
४१. अपरिभाषित 108
४२. कल का कालचक्र 110
४३. इश्क 113
४४. ये दिल 115
४५. तुम 118
४६. पल 121
४७. तेरे बिन 124
४८. विजयादशमी 126
४९. वीर तुम चले चलो 129
५०. कल रात 132

५१. यादों का काफिला 135
५२. बवंडर.. 137
५३. तेरा होना... 140
५४. क्या कहें... 142

कुछ बातें दिल से

बहुत दिनों से सोच रहा था की अपने लेखों या कविताओं को प्रकाशित करवाऊं, पर खयाल आकर हर बार ना जाने कहीं शून्य में विलीन हो जा रहा था । इस बार जैसे ही आया, मैंने झट से पकड़ कर खुद को बोल ही दिया की इस बार कलम की कागज़ से भेंट करवा ही दी जाये, इससे पहले की ये खयाल फिर से गच्चा देकर निकल जाये।

मैंने बड़े ही ताव में आनन - फानन में कलम थामी, पर कोई विचार दिमाग में नहीं आया। पहले विवेचना का कारण ये था कि इतने दिनों से लिखने में विलम्ब क्यों हो रहा था, पर फिर बदलकर वो ये हो गया था कि दिमाग में विचारों पर विराम क्यों लग गया है ।

इसी ऊहापोह के बीच, मैं अपनी कुछ रचनाओं को आप सभी के सामने प्रस्तुत कर रहा हूँ। अपने कार्यों को प्रकाशित करने का यह मेरा पहला प्रयास है। किसी भी कारण-वश कोई त्रुटि रह गई हो तो उसके लिए सभी पाठकों से मैं हाथ जोड़ कर क्षमा मांगता हूँ। उम्मीद करता हूँ कि आप सभी का सहयोग और संरचनात्मक प्रतिक्रिया मुझे बेहतर लेखन की तरफ अग्रेषित करेंगे।

फुलवारी ज़िन्दगी के खट्टे मीठे अनुभवों से भरी कुछ स्वरचित कविताओं का संग्रह है। जैसे फुलवारी का हर एक फूल, हर एक पत्ता अपने में कुछ रंग समेटे रहते हैं,

वैसे ही ये संग्रह एक संक्षिप्त प्रस्तुति है, ज़िन्दगी के अनुभव रूपी उन रंगों की को या तो मेरी ज़िन्दगी के हैं या मेरे चारों ओर बिखरे पड़े हैं।

हिंदी कविता की तरफ मेरा रुझान कब शुरू हुआ ये मुझे नहीं पता, पर हाँ तुक-बंदी की आदत बचपन से ही थी। अपने दादाजी और नानाजी दोनों को मैंने हमेशा साहित्य से घिरा हुआ पाया। दादाजी की डायरी लिखने की आदत और नानाजी के असंख्य लेख और कविताएं मेरे प्रेरणा स्रोत रहे हैं। शायद इसी माहौल की वजह से ही बचपन से ही साहित्य पढ़ने की और रुझान रहा और किताबें जीवन में हमेशा एक दोस्त की तरह रहीं। कहानियों के बीच का ये सफर कब कविता की तरफ मुड़ गया ये पता नहीं। छायावाद और समकालीन दौर के कई कवियों की रचनाओं ने जीवन पर गहरा प्रभाव छोड़ा। कुछ पंक्तियों में इन्हें व्यक्त कर पाना एक असंभव कार्य प्रतीत होता है। हमारे पूर्व प्रधानमंत्री श्री अटल बिहारी वाजपेयी जी की कविताएं मेरी लेखनी में एक मार्ग दर्शक कि तरह रहीं, उनके लेखन में एक सहजता थी। जिस सरलता से वो आम बोल चाल की भाषा में गहरी से गहरी बातें लिख देते थे, वो अपने आप में एक मिसाल है। उनकी लिखी कविता "ऊंचाई" में जो उन्होंने ज़िन्दगी जीने का क़ायदा सिखलाया है, कोशिश करता हूँ कि उसका अनुकरण अपने जीवन में हर पल कर सकूँ।

१५ पहले मैंने एक शाम अपने ननिहाल के बरामदे में बैठकर अपनी पहली कविता लिखी थी। इस संग्रह की

कविता "जीवन की कीमत" वास्तव में कविता लेखन के प्रति मेरा पहला कदम था। ये सिलसिला फिर कभी रुका नहीं । आसपास के माहौल में, ज़िन्दगी के भावों में हमेशा एक कविता देखी है। कई बार जो भाव दिल में आए, कलम से कागज़ में उतारने तक भूले गए । जो रह गए, वो इस कविता संग्रह में आप सभी के समक्ष रख रहा हूँ। इस प्रयास के पीछे बहुत लोगों का योगदान और प्रेरणा रही हैं । ये प्रस्तुति वाकई में उन सब के प्रति मेरा एक आदरपूर्ण धन्यवाद है। सबसे पहले मेरे दादाजी और नानाजी जिनसे पढ़ने की प्रेरणा पाई। मेरी माँ और मेरी दादी , मेरे जीवन के दो वो आधार स्तम्भ जो मेरे अस्तित्व के कारण हैं। मेरी माँ की तो मानो मैं दुनिया ही हूँ और वो मेरी । एक भी दिन अगर वो मुझसे गुस्सा हो जाये, तो मैं तो खाना पीना भी भूल जाता हूँ।

मेरे पापा, दीदी और जीजाजी, हमेशा मेरी ताकत रहे हैं और मुझे हमेशा संभाला है । मेरे प्यारे भांजा-भांजी आरव और आहाना जिनके हिसाब से उनका मामा किसी सुपरमैन से कम नहीं।

ऋतु के नाम के बिना ज़िन्दगी की हर कहानी अधूरी है। एक दोस्त से लेकर जीवन संगिनी के सफर में कई सालों से मेरी ज़िन्दगी मैं सहभागी बन, मेरे जीवन को नई राह दी है । ऑफिस और घर की भागा - दौड़ी के बीच मुझे यह संग्रह और एक आगे आने वाले कहानी संग्रह को लिखने में पूरा सहयोग दिया।   ये शर्त भी रखी थी की कम से कम एक कविता उसके लिए जरूर होगी। हुक्म

की तामील मैंने करी है पर अब ये ऋतु और पाठकों को समझना है की वो कौन सी हैं।

कविता माध्यम रही है खुद को व्यक्त करने का। चाहे मन कभी विचलित रहा हो, या चाहे बहुत खुश हो, चाहे अकेलापन हो, ये वो साथी है जो मन की गहराई को कुछ काले नीले रंगो में पिरो कर एक निश्चिंतता दे जाती है। दोस्तों के बिना ज़िन्दगी की हर शाम बेरंग और हर सुबह नीरस है । कुछ मित्र हैं जिनका योगदान इस सफर में बहुत बड़ा रहा है । इनमें प्रमुख हैं मेरा परम मित्र राहुल, जिसके साथ कहा सुनी करते - करते, ज़िन्दगी के दो दशक से ऊपर बिता दिए है, पर इस मित्रता में आज भी वो सुबह की ओस सी ताजगी है । राहुल ही वो व्यक्ति है जिसने शुरूआत की मेरी सारी कवितायें जबरदस्ती ही सही , पर सुनी जरूर थी । गौरव, चित्रकांत, विक्रांत, श्रुति, कनिका, शारिक, कलीम आदि मित्रों ने हमेशा लेखन के प्रति हौसला बढ़ाया।

इस कविता संग्रह के इस मुकाम पर पहुँचने में जिस दोस्त का सबसे बड़ा योगदान है, वो शैली है । इस संग्रह के प्रकाशन से पहले आखिरी समीक्षा भी उसी के द्वारा करी गयी । हम छंद और कविताओं में बहुत बात करते हैं । उसके द्वारा लिखे गए कुछ छंद, जो उसने मेरे लिए जन्मदिन या जीवन के किसी और उपलक्ष्य में लिखे, वो इस कविता संग्रह का हिस्सा हैं, मेरी कविताओं के विषय-प्रवेश के रूप में । मैं आभारी हूँ की उसने एक समालोचक की तरह इस संग्रह को अंतिम स्वरूप देने में मदद करी ।

कुछ कविताओं के पीछे कहानियां भी हैं । जैसे की "शून्य" मेरे मित्र परेश के एक कवित्त प्रश्न से उपजी रचना थी, "एक सैनिक का दर्द " २०१० में दांतेवाड़ा में हुए नक्सली हमले के बाद लिखी थी, "वेदना " ग़ज़ल सम्राट जगजीत सिंह जी के देहावसान पर लिखी थी, "अपरिभाषित " नानाजी के इसी शीर्षक की एक कहानी को अपने जीवन के नज़रिये से देखते हुए लिखी थी, "अष्वमेघ" एक मित्र के बनाये चित्र को देख कर लिखी थी , "जन्मदिन " शैली के द्वारा मेरे जन्मदिन पर लिखी कविता के प्रतिगम उपहार के रूप में लिखी गयी, "हमसफ़र" शैली की एक काव्य रचना, जो उसने मुझे और ऋतु को विवाहित जीवन की शुभकामना स्वरूप दी थी उसमें छिपे अर्थ का एक विस्तृत स्वरूप है , चिरय्या" आधारित है शैली के "यूके डायरीज" नामक लेख पर, "आँसू" , "इंसानियत" और "वीर तुम बड़े चलो " विभिन्न कॉलेज प्रतियोगिताओं के लिए लिखी, "देर लगी लेकिन मैंने अब है जीना सीख लिए " ज़िन्दगी न मिलेगा दोबारा मूवी से प्रेरित है , कुछ कविताएं कभी खुद का मन हल्का करने के लिए या कभी दोस्तों की हौसला अफ़ज़ाई के लिए लिखी, कुछ रूमानी कविताओं के पीछे की कहानियाँ बताने की शायद मुझे जरूरत नहीं, पाठक खुद ही समझदार हैं। अनकही ज़िन्दगी, पल आदि कुछ रचनाएं ऐसी भी हैं जिनके पीछे की कहानी मुझे बिलकुल याद नहीं, पर वो मेरी डायरी के पन्नों पर १५ साल से लिखी हुई हैं। अमूमन हर कविता के पीछे एक कहानी है, जिनमें से कई को उम्मीद करता हूँ आप सब

भी अपने जीवन के भावों के निकट पाएंगे । आशा करता हूँ की मेरी ये फुलवारी अपनी सुगंध से आपके आँगन को भी महकाएगी और आपके दिलों को छू पायेगी ।

धवल

ज़िन्दगी की अदा तो आहिस्ते चलना ही है
वो तो अभिलाषायें ही हैं
जो उसे दौड़ने पर मजबूर कर देती हैं

१. ज़िन्दगी - एक संवाद

ज़िन्दगी एक संवाद है
असीम संभावनाओं में अपना मुकाम तलाशती
अनंत में अपने अंत का पर्याय ढूंढ़ती
हर अंत को एक शुरुआत का पयाम समझती
ज़िन्दगी एक संवाद है

मौलिकता और सार्थकता के बीच का भेद समझती
कल और आज की चक्की में पिसकर अपना कल निखारती
मुंतशिर सपनों को मुसलसल आयाम देती
हर अवसाद को साद से हरा कर खिलखिलाती
ज़िन्दगी एक संवाद है

ज़िन्दगी एक संवाद है
नई आशाओं और आकांक्षाओं के बीच
महत्वाकांक्षाओं और हौसलों के बीच
अपूर्ण किस्सों और भूली कहानियों के बीच
निरंतर बदलावों और अनुकूलन के बीच
ज़िन्दगी एक संवाद है
एक मोअस्सिर संवाद

**मुकम्मल कुछ रिश्तों का अंज़ाम नहीं होता
जो रूह के होते हैं
उनका कोई नाम नहीं होता**

२. मैं तुझे फिर मिलूंगा

मैं तुझे फिर मिलूंगा
कब कहाँ कैसे ये पता नहीं
पर मिलूंगा जरूर
ये वादा है मेरा

तेरी खामोशियों की आवाज़ बनकर
तेरी शायरी के अल्फ़ाज़ बनकर
या तेरे रुख़सार की रंगत बनकर
मैं तुझे फिर मिलूंगा
ये वादा है मेरा

कुछ यादों में मुस्कान बनकर
या तेरी रंगीन हयात का एक मुसव्विर बनकर
तेरा हबीब
या खुदा का क़ासिद बनकर
मैं तुझे फिर मिलूंगा
ये वादा है मेरा

तेरी हर जुस्तजू का बेखुद जवाब बनकर
तेरी उल्फत, तिष्णगी और कुरबत बनकर
तेरी हर दीवानगी का आयाम बनकर
मैं तुझे फिर मिलूंगा
ये वादा है मेरा

हकीकत में तेरी हर हसरत को
तामील करने का जरिया बनकर
या तेरे तसव्वुर और मेरे ख्वाबों का
हर मयस्सर मुकाम बनकर
तेरी हर इजतिराब के अंधेरों को
सुकून के आफ़ताब से रोशन करने
मैं तुझे फिर मिलूंगा
ये वादा है मेरा

इस फ़िरदौस में चाहे एक क़ायाम भर ही सही
ये मरासिम रहेगा
और मैं रहूंगा ताउम्र तेरा आशना बनकर
तेरी हर मुकम्मल हो सकने वाली
इल्तिजा का साहिल बनकर
मैं तुझे फिर मिलूंगा
ये वादा है मेरा
ये वादा है मेरा

कुछ कहानियों में इबरत-नुमा किस्से हम बन गये
कुछ में निखरे तो कुछ में बिखर गये
समझदार बन
इखलास किसी से भी रखना छोड़ दिया
और हम बस कहानियों में आकर चले गये

३. मैं कहानियों में आकर चला गया

कभी किसी के गमों को खुशियों में बदलकर
कभी किसी पराए को अपनापन देकर
कभी किसी मजबूर का सहारा बनकर
मैं बस कुछ कहानियों में आकर चला गया

कभी किसी टूटे दिल को ढांढस देकर
कभी किसी की हर समस्या का समाधान बनकर
कभी किसी की चाहत का पैमाना बनकर
मैं बस कुछ कहानियों में आकर चला गया

कभी किसी के दिल से निकली फरियाद बनकर
तो कभी किसी के लिए एक अवसाद बनकर
कभी किसी की अतृप्त चाहत का पैगाम बनकर
कभी किसी की इबादत
तो कभी किसी की नफरत बनकर
मैं बस कुछ कहानियों में आकर चला गया

कुछ कहानी पूरी
तो कुछ अधूरी छोड़कर
कुछ कहानियों में बेनाम
तो कुछ में बदनाम होकर
कुछ कहानियों में नायक
तो कुछ का रचनायक होकर

कुछ कहानियों को याद कर
और कुछ को पूरी तरह भुलाकर
मैं बस कुछ कहानियों में आकर चला गया
मैं बस कुछ कहानियों में आकर चला गया

एक कदम और जीवन सौंदर्य में भ्रमण को
एक कदम और गुदगुदाहट
किसी क्षण की निश्चल हँसी को
एक कदम और बसंत की लाली चुनने को
एक कदम और पकड़ने किसी सुबह धवल धूप को
ज़िन्दगी जाने कितने कदम सजाए रहे
चल हर कदम उमंग को उत्साह को
ये उमंग तुम्हारी हर ताल में हो
हर चाल में हो

- शैली

४. जन्मदिन

कुछ दिन है खास आज का
आदित्य नव ज्योति ले कर आया है
इस दिन में आशाएँ है हज़ार
विहग ने नव-गीत सुनाया है
कोपलें सब फूल हो गई
मौसम में मदहोशी का आलम छाया है
तुम्हारा जन्मदिन बसंत लेकर आया है

कोई तोहफ़ा नहीं
बस इस वृहद दिन में कुछ दुआएँ साथ लाया हूँ
जो तपती धूप से बचा सके वो छाँव
जो अरमानों को जगा दे वो भाव
जो सपनों को सजा दे वो नींद
जो रास्ते के हर कंकड़ को फूल कर दे वो हिम्मत
जो मृदुल मन को आशा दे वो शब्द
और जो हर पल में मुस्कान भर दे
उस साथ का एहसास अपने संग लाया हूँ
तुम्हारे जन्मदिन में दुनिया की हर खुशी की
आशा लेकर आया हूँ
जाम मेरे लबों तक आता नहीं कभी
फिर भी तेरे लिए ज़िन्दगी का नशा लाया हूँ
तेरे जन्मदिन पर बस ये ही तोहफा लाया हूँ
बस ये ही तोहफा लाया हूँ

जन्मदिन के उपहारों की रंग-बिरंगी पन्नियां मुड़ी-तुड़ी ही सही
उस कूड़ा बीनने वाले को रात की रोटी का आश्वासन तो दे देती है

५. वो कचरे का ढेर

शहर के कोलाहल से दूर
एक निर्जीव जमीन पर चकाचौंध से बहुत दूर
वो कचरे का ढेर

अपने में दुर्गंध समेटे
घिनौनेपन की परिभाषा लपेटे
कई अरमानों की चिताएँ समेटे
बहुत सी खुशियों के मंज़र सहेजे
अपने गर्भ में छिपाए बैठा
आज के परिपेक्ष्य में कई निरर्थक गाथाएं
वो कचरे का ढेर

यत्र-तत्र पड़े मुड़े-तुड़े पन्ने
कथा सुनाते प्यार के अधूरे संदेशों
और लेखकों की अधूरी कहानियों की
तो कहीं बिखरी मैली कुचली पड़ी वो रंग बिरंगी पन्नियां
जो कभी शोभा थी उपहारों की

वो खाली डिब्बे मिठाइयों के
जिनमें रंगत थी त्योहारों की
वो टूटे खिलौने
जिन्होंने मासूम चेहरों से निश्चल हँसी छलकाई थी
अपने घटकों में एक नव शिशु के कपड़ों से लेकर

अंतिम कफन के चिथड़े तक सहेजे
वो कचरे का ढेर

खुद के अस्तित्व पर मौन खड़ा
टकटकी लगाए भागती दुनिया को देखता
टूटे सपनों की उड़ानों को थामे बैठा

सभ्य समाज के लिए घृणा का पैमाना
जिसमें गरीब और जानवर ढूंढते अपने लिए छुपा खजाना
अडिग खड़ा है एक कोने में
वो कचरे का ढेर

नब्ज तो चल रही थी पर सांसे बाकी ना थी
भावशून्य बूढ़ा कंधे पर जवान बेटे का जनाजा उठाए हुए था

६. शून्य

शून्य पर सवाल क्यों जब सवाल ही शून्य है
शून्य का जवाब क्यों जब जवाब भी शून्य है
आरम्भ भी शून्य है और अन्त भी शून्य है
आकाश की विशालता की खोज भी तो शून्य है

विसंगतियों को देख कर जो मौन है वो शून्य है
हार की बेबसी में जीत का अरमान भी तो शून्य है
पत्थर हृदय से प्यार की आस भी तो शून्य है
धरती के आयाम को ढूंढने की चाह भी तो शून्य है
हर उत्पत्ति का कारक अगर सोचो तो शून्य है

ज़िन्दगी में टूटते तारों को जोड़ने का प्रयास भी तो शून्य है
हर अतृप्त चाहत का पैमाना शून्य है
भावनाओं से उद्वेलित हृदय के भाव भी तो शून्य है
जीत की ओर आखिरी कदम से पहला पल भी तो शून्य है
मृत्यु से पहले ज़िन्दगी का वो आखिरी लम्हा भी तो शून्य है
आंखों से बहती अश्रु धारा मैं निरंतरता का आभास शून्य है
शाख से टूटते पत्ते मैं बिछड़ने का दर्द भी तो शून्य है

प्यार के एहसास का वह पहला पल शून्य है
बिन मकसद अस्तित्व की उड़ान भी तो शून्य है
बिन परिश्रम सफलता का एहसास शून्य है
अपनों से बिछड़ने पर ठिठकते कदमों की गति भी तो शून्य है
ज़िन्दगी और मौत के बीच का जो फासला है वो शून्य है
एक टूटे हुए सपने की मंजिल भी तो शून्य है

एक बंजर जमीन पर फुलवारी की कल्पना शून्य है
जब व्यक्त करने को शब्द ना मिले तो सोच भी तो शून्य है
मोह और लाभ की आस में उपासना शून्य है
स्वार्थ के लिए किए कर्म का फल भी तो शून्य है
जो है, पर मान्य नहीं है उसका होना शून्य है
जो नहीं हो कर भी सिर्फ इच्छाओं में है वो भी तो शून्य है
जो है वो भी शून्य है और जो नहीं है वो भी तो शून्य है

जो नहीं है वो है शून्य की गहराई का माप
जो नहीं है वो है शून्य की ज़िन्दगी पर छाप
जो नहीं है वो है शून्य के अर्थ की खोज
जो नहीं है वो है शून्य को बदलने की सोच
शून्य पर सवाल क्यों जब सवाल ही शून्य है
शून्य का जवाब क्यों जब जवाब भी शून्य है

मैं तो मौम हूँ
जलकर पिघल जाऊंगा
पर यादों की तपिश अगर कभी गर्मी मांगेगी
तब एहसास होगा हलकी गरमाहट ही सही
पर ठंड में मेरी निकटता
एक सुकून तो दे जाती थी

७. अधूरा किस्सा

अपना अधूरा किस्सा लिख कर पन्ने मोड़ आया हूँ
खुद का एक हिस्सा तुम्हारे पास छोड़ आया हूँ
उन यादों में
खट्टी-मीठी तकरारों में
रोशनदान से अंदर आती
वो हल्की पर चमकदार रोशनी की तरह
अपने कुछ, पर गहरे छाप तुम्हारे कल की दराज़ में
सहेज कर आया हूँ
अपना अधूरा किस्सा लिख कर पन्ने मोड़ आया हूँ

सुन्दर अतीत को वर्तमान की भयावहता से ढक आया हूँ
रिश्तों के बदलते मायनों में
अपना अस्तित्व कहीं खोकर आया हूँ
जिस हँसी को तुम्हारे चेहरे पर लाने के लिए कभी मैं
लम्हों को थाम देता था
आज बेखुद हो अपने चेहरे पर तक
उस हँसी को पाने के लिए खुद को ही तरसता पाया हूँ
अपने हल्के पर ना छूटने वाले प्यार के रंग
एक पोटली में बंद करके तेरे तकिए के नीचे रख आया हूँ
अपना अधूरा किस्सा लिख कर पन्ने मोड़ आया हूँ

कुछ चुभती बातों से
अपना सीना छलनी करवा कर आया हूँ
तुम पर हक की धौंस जमाता था कल तक
आज तुम्हारे संग खुद को अजनबी बना पाया हूँ

तुम्हारे मतलबी जज्बातों को खुद से
मुफलिसी करता देख आया हूँ
चारों ओर तुम्हारे स्नेह की बारिश में
सिर्फ अपनी जमीन को ही बंजर पाया हूँ
तुम्हारी हर स्मृति को बक्से में बंद करके
चाभी दरिया में फेंक आया हूँ
सांसों और आँसुओं के बीच इस लड़ाई में
मैं आज खुद को हार आया हूँ

तुम्हारे बिस्तर पर बिछी चादर की सलवटों में
अपनी भीनी मगर मीठी महक छोड़ आया हूँ
अपना अधूरा किस्सा लिख कर पन्ने मोड़ आया हूँ

छोड़ आया हूँ
वो मुलाकातों की लंबी रातें
छोड़ आया हूँ
वो शाम की गुलाबी ठंड में लंबे सफर की यादें
छोड़ आया हूँ
वो बालों में फिरती तेरी उंगलियों का एहसास
छोड़ आया हूँ

तस्वीरों में कैद वो सारे जज्बात

मैं तुम्हें कभी ना छूटने वाले बंधन से
आज मुक्त करके आया हूँ
मै आज खुद के जीवन के सबसे हसीन लम्हों को
कहीं खो आया हूँ
अपना अधूरा किस्सा लिख कर पन्ने मोड़ आया हूँ
खुद का एक हिस्सा हमेशा के लिए
तुम्हारे पास छोड़ आया हूँ

धरती पर देखा तो बस परछाई दिखी
एक चिड़िया उड़ रही थी खुले आसमान में पंख फैलाए

८. चिरय्या

एक चिरय्या उड़ चली अपना घोंसला छोड़कर
एक नए देश में
एक नए भेष में
उम्मीदों का दामन थामे
नव आशाओं के दीप जलाए
एक चिरय्या उड़ चली थी अपना घोंसला छोड़कर

एक चिरय्या उड़ चली अपना घोंसला छोड़कर
उस अनजान जगह पर सब कुछ वैसा सा ही लगा उसे
पहली झलक में
पर फिर समझ आया कि सब कुछ अलग था
राह वही थी
पर रास्ते अलग थे
लोग वही थे
पर उनके कायदे अलग थे
दिन लंबे और रातें छोटी थी
सपने बहुत थे
पर अपनों से फासले बड़े थे
घूमने को मंज़र हसीन थे
पर अकेलेपन की बेड़ियों ने कदम जकड़ रखे थे
एक चिरय्या उड़ चली थी अपना घोंसला छोड़कर

एक चिरय्या उड़ चली अपना घोंसला छोड़कर
लगा उसे की कही ये रात का काला घुप्प अंधेरा
उसके अरमानों को ही ना लील जाए
डरती थी कि कहीं ये नया देश उसके आज़ाद पंखों को ना कतर जाए
इसी कोतूहल और कशमकश के बीच
वो चिरय्या एक नया घरौंदा तलाश रही थी
एक चिरय्या उड़ चली थी अपना घोंसला छोड़कर

एक चिरय्या उड़ चली अपना घोंसला छोड़कर
जब अंधियारे की धुंध हटी
तो उसे लगा की वहां की हवा में एक अलग ताज़गी थी
वहां के रहन सहन में उनकी खुद की संस्कृति की रवायतें कोहिनूर सी जड़ी थी
उस देश में अपने ना सही
वो देश अपना सा लगने लगा
सफर में तो वो अकेली थी
पर वो अकेलापन हमसफ़र सा लगने लगा
एक नई मंज़िल की तरफ चल पड़ी फिर हौसला जोड़ कर
पंख फैलाए खुले आसमान को टटोलने
एक चिरय्या उड़ चली है अपना घोंसला छोड़ कर

स्वतंत्रता के नाम पर एक नौजवान
देश को कोस रहा था
दूर सीमा पर एक सिपाही
उस नौजवान के सपनों के लिए शहीद हो रहा था

९. एक सैनिक का दर्द

मैं एक सैनिक हूँ और मौन खड़ा हूँ सीमा पर
डटा हूँ रक्षा के लिए अपने देश का प्रहरी बनकर
चाहे रेगिस्तान की गर्म लू के थपेड़े
या सियाचिन की हड्डी गलाने वाली शीत लहर
मैं खड़ा हूँ अडिग, अविचल इस सीमा का प्रहरी बनकर

बचपन में सुने थे वो देश भक्ति के गीत
बुजुर्गों ने बताया था की एक सैनिक ही है देश का सच्चा सपूत
चाहे युद्ध में हार हो या जीत
ठान लिया था उसी दिन अपने मन में
बड़ा होकर मैं भी फौजी बनूंगा
चाहे कोई भी कठिनाई आए

मेरी ज़िन्दगी का ध्येय अब मैं राष्ट्र सेवा ही रखूंगा
इच्छा शक्ति ने मेरी मुझे दिलाया वो अवसर जिसकी बचपन से कल्पना की थी
जवानी तक आते-आते मेरे शरीर पर भी फौजी वर्दी सजी थी
उसी दिन यह निश्चय किया कि नहीं आने दूंगा मैं किसी घुसपैठिए को अंदर
शहादत से डर नहीं लगता
मैं देश की रक्षा करूंगा अग्रही बनकर

समय के कालचक्र ने मुझे जीवन का हर सुख दिया
सीमा से अपने लगाव के कारण सीमा ही अपनी बिटिया को नाम दिया

आज दो दशकों के बाद भी मैं सीमा पर खड़ा हूँ
आंखें गीली है पर सांसों को साधे आज भी डटा हुआ हूँ
अभी आकाशवाणी पर सुना एक और बम धमाका हो गया
जो मेरी तरह सीमा के प्रहरी थे
उन्होंने अपना जीवन माओवादियों के हाथों खो दिया

एकाएक मुझे एहसास हुआ कि मैं तो यहां हूँ
पर दुश्मन तो देश के अंदर भरे बैठे हैं
कहीं नक्सलवाद तो कहीं क्षेत्रवाद के नाम पर देश को बांटे बैठे हैं
कभी धर्म के नाम पर दंगे
तो कहीं समुदायों के बीच पंगे
कहीं बम धमाके
तो कहीं आतंकी हमले
कहीं चोरी डकैती लूटपाट का जघन्य चेहरा
कहीं बलात्कार कहीं भ्रष्टाचार का देश बांधे है वीभत्स सेहरा

एक जमाना था जब देश चैन से सोता था कि हम कर रहे हैं रक्षा सीमा की
बदल गया जमाना और बदला है देश का रंग रूप

जो धवल निश्चल था वह हो गया है कुरूप
इस लचर होते शरीर और डिबडिबाती आंखों के साथ
मैं तो आज भी रक्षा कर रहा हूँ देश की सीमा की
पर मन विचलित है कि देश के अंदर कौन रक्षा करेगा
मेरी लाडली सीमा की
फिर मैं सोचता हूँ मैं कर भी क्या सकता हूँ
मैं तो इस सीमा का प्रहरी हूँ
अपनी बंदूक को हाथ में थामे मौन खड़ा हूँ सीमा पर

जो कहने से डरता हूँ
वो कागज़ पर उकेर लेता हूँ
मेरा दिल भी नहीं टूटता
और तुम इनकार भी नहीं करते

१०. लेखक की अधूरी कहानी

मैं एक लेखक की अधूरी कहानी हूँ
कुछ पन्नों में सिमटी अपना मुकाम ढूंढ़ती
कई बरसों से राह तकती उस अंत का
जो लबों पर मुस्कान और दिल में सुकून भर दे
यहां वहां पड़े इन मुड़े-तुड़े पन्नों में अपना विस्तार ढूंढ़ती
मैं एक लेखक की अधूरी कहानी हूँ

इंतज़ार में उस कलम का जो मेरा आयाम खोजेगी
जूझती अपने अनिश्चित भविष्य से
लेखक के स्वप्नों में अपने ख्वाब बुनती
मैं एक लेखक की अधूरी कहानी हूँ

ना जाने क्या स्वरूप है मेरा
ना जाने क्या कभी होगा इस शुरुआत का अंत
बस इस उम्मीद को थामे कर रही हूँ इंतज़ार
की हर सफर की एक मुकम्मल मंज़िल होती है
अपने अंत की शुरुआत के इंतजार में
मैं एक लेखक की अधूरी कहानी हूँ

एक मरासिम मेरा भी है तेरे संग
जो पाक है फिरदौस सा
और महकता है रजनीगंधा सा
बेनाम आशना है तू मेरा इस जहां में
जो दूर होकर भी सदा रहता है मेरे संग

११. वो मीठी मुहब्बत

रोज़ ना आकर क्यों सताती है ख़लिश सी दिल को
दिल को पुरनूर कर आंखों से अयां होती है
तेरी मेरी मुहब्बत क्या कभी बातों से बयां होती है

रूह को शाद कर अरमानों को जवान करती है
ये बातें किस तरह पूछूँ मैं सावन के महीने से
वो आकर भी और ना आकर भी सताती है
वो फिज़ाओं में अनगिनत आरज़ू के सब रंगो से सराबोर होती है
तेरी मेरी मुहब्बत क्या कभी बातों से बयां होती है

वो एक पल था
एक लम्हा जब मिले थे हम दोनों
दो हर्फ थे हम दोनों जो उस रोज़ मिल कर लफ्ज़ बने थे
तेरे संग के उस हर पल में सरगोशियां घुली थी
उस पल से इस पल तक वक़्त की
ना कोई इब्तिदा है ना कोई इंतहा
हर तसव्वुर की हद से बाहर
हर नज़ारे में ये तनवीर कहाँ होती है
तेरी मेरी मुहब्बत क्या कभी बातों से बयां होती है

**इन अश्कों को थाम लो बहने से पहले
कहीं झूठ में लिपटा सच न बतला जायें कुछ कहने
से पहले**

१२. आँसू

आँसू इस दुनिया में हमारे हमसफ़र होते हैं
हो गम के साये या हो खुशियों की बरसात
ये साथ होते हैं
चाहो कितना भी इन्हें रोकना
ये रुक नहीं पाते
वक़्त बेवक्त आंखों के कोनों से हैं बह जाते

बहते हुए अश्क सिर्फ पानी नहीं
भावनाओं के ज्वार होते हैं
ना चाहते हुए भी बहकर
ये दिल का सारा हाल बता जाते हैं

होते हैं दिखने में छोटे
पर इन्हें देख बड़े-बड़े पत्थर दिल भी पिघल जाते हैं
कहीं बिछड़ों को मिला जाते हैं
तो कहीं दिलों को तोड़ जाते हैं

आँसू इस बेगानी दुनिया में हमारे हमसफ़र होते हैं
हो गम के साये या हो खुशियों की बरसात
ये साथ होते हैं

बातों-बातों में कुछ रिश्तों में हम उलझ गए
पर एक रिश्ता है ये ऐसा तेरे संग
की इसमें जितना हम उलझे
उतना ही सुलझ गए

१३. गुज़रा ज़माना

फिर वो गुज़रा जमाना याद आया
मन में मीठी गुदगुदाहट
और चेहरे पर निरंतरता भरी प्यारी मुस्कान लाया
फिर वो गुज़रा जमाना याद आया

याद आई वो रातें और उनमें उमड़ते वो जज्बात
उमड़ पड़े बेइंतहा फिर मेरी कलम से कुछ अल्फ़ाज़
फिर वो गुज़रा जमाना याद आया

याद में टीस तो नहीं पर एक दर्द सा उभरा है
सोचता हूँ तो समझ आता है कि इस साथ से जीवन कितना सुधरा है
यादों के झरोखों ने आज फिर तरोताजा किया है
फिर वो गुज़रा जमाना याद आया

ये वो ज़माना है जो रहता है हर दम साथ मेरे
ये वो जज्बात है जो रूह में बसे हैं मेरे
उन जज्बातों से, उस वक़्त के लम्हों से आज भी सिहरन होती है मुझे
बस ये ही फरियाद है कि बेखुद होकर फिर उन लम्हों में पा लूँ तुझे

जहाँ तामील होती मेरे दिल की हर चाह
हर सजर मेरा लिखा है
जहाँ बस तेरे लिए ही
तेरी आँखें हैं मेरा वो आबोदाना

१४. हम दोनों

जिस दिन से ना रहेंगे बेपरवाह हम दोनों
शायद कुछ बेड़ियों में जकड़ जाएंगे हम दोनों
आज दो होकर भी बिन बोले एक हो
एक दूसरे को समझ जाते हैं
पर फिर शायद बता कर भी
दिल का दर्द ना पढ़ पाएंगे हम दोनों
पास होकर भी एक दूजे को जुदा सा पाएंगे
हम दोनों

तब हम ना होंगे
दो शक्स होंगे दुनिया की रीतियों में उलझे हुए
फिर भी दर्द तो होंगे
पर उन कंधों के सहारे को तरस जाएंगे हम दोनों
तब मैं और तुम के बोझ में
हसीन यादें कहीं सिमट जाएंगी
चाह कर भी उन हसीन लम्हों को याद कर
ना मुस्करा पाएंगे हम दोनों

इस रिश्ते की मादकता का राज़ यही है
की एक अलग जहान में खो कर जिये है हम दोनों
अगर मिले थे ऐसे तो कोई बात तो थी
वरना स्वप्न में भी कभी सोचा था की
यूं मिल जाएंगे हम दोनों

खुद को और मुझ को यूं ना कर परेशान
सोच कर की बेला है ये दूर जाने की
कहीं ऐसा ना हो की कहीं कुछ बदलने के चक्कर में
ये कहानी बन जाए तेरे मुझ से बिछड़ जाने की

दो पागल है
तभी तो बेईमानों के बीच ईमानदार हैं हम दोनों
एक दूजे की जरूरत है
तभी तो आज भी संग में हंसते रोते हैं हम दोनों

बस यही दुआ और उम्मीद है
कि बस जैसे हैं वैसे ही रहे हम दोनों
एक दूसरे को टटोलते
उन्मुक्त एक दूसरे के नशे में झूमते
थोड़े नटखट हो जब-जब मिले
तो एक दूजे में पिघल जाएं हम दोनों
फिर से एक दूसरे के साथ में बहक कर
मुसकुरा जाएं हम दोनों

चल फिर से बेपरवाह हो
अपने उसी जहान में खो जाएं हम दोनों

ऐसी ह्रदयस्पर्शी गाथाएं लिख गए हो अपने बोलों में
की पीढ़ियां गुज़र जाएंगी पर वो बोल अमर रहेंगे

(ग़ज़ल सम्राट जगजीत सिंह जी को श्रद्धांजलि)

१५. वेदना

दिल का हर कोना आज ना जाने क्यों खाली है
आज अमावस तो नहीं, फिर भी यह रात बहुत काली है

दिल के दर्द को तुम ही तो स्याह करते थे अपने बोलों से
अब रह-रह कर डूबे दर्द उभर आ रहे हैं दिल के कोनों से

अब बेचैन है दिल कि वह पनाह कहां पायेगा
क्या कोई और हाल-ए-दिल इस तरह गुनगुना पायेगा

अब शाम मदहोशी में रंगीन ना हो पाएगी दोबारा
साहिल अब कभी मंजिल तक ना पहुंच पायेगा

वो हसीन ख्वाब अब दिल कैसे पिरो पायेगा
अब ये मन जब विचलित होगा तो कैसे सुकून पायेगा

एक कहानी अधूरी जो छोड़कर हो चले गए
उस कहानी के अधूरे पन्नों को बताओ
अब कौन भर पायेगा

हार और जीत के बीच का फासला कुछ भी नहीं
बस हताशा और उम्मीद के बीच का
भेद भर ही तो है

१६. अश्वमेध

अंतःकरण की पुकार है कि फिर अश्वमेध हो
तम से वसुंधरा ढक गई अब भोर का प्रकाश हो
निर्माण से निर्वाण तक हर उत्पत्ति पथ अब प्रदीप्त हो
यह एक नया आरंभ है इसके अंत में सिर्फ जीत हो

जलधि खड़ा पसार हाथ कि आकाश से कब मेल हो
वनप्रिया की आवाज में फिर कनक का सा तेज हो
जलमाला सब मिल उठी सारे दर्द अब जल मग्न हो
मेघ है उमड़ पड़े नीला आसमान अब चांद सा सफेद हो

स्वच्छंद स्वतंत्र उड़ सके वायु में इतना वेग हो
यह एक नया आरंभ है, मंजिल से अब मीत हो
उड़ान को तैयार है एक नया सफर यह हो
आंखों में चमक फिर आ गई
अब ना कभी आँसुओं से मेल हो

दृढ़निश्चय अब है कर लिया कि रुकना नहीं
चाहे राह अब घनघोर हो
अंतःकरण की पुकार है कि फिर अश्वमेध हो
यह एक नया आरंभ है
अब हौसलों की जीत हो

**यूं बेकरार हो इस ज़माने से हम निकले
जैसे बेरुख हवा के साथ कुछ तिनके बिखरे
हम बेमुरव्वत हो रोज़ उन्हें पैगाम भेज देते हैं
ये सोच कर शायद की उनके शजर मन में
मेरे लिए भी कुछ दुआ निकले**

१७. लम्हे इंतज़ार के

*_*_*_*_*_*

टिक-टिक करती सुइयों की आवाज़ के बीच
बहुत तड़पाते हैं
वो लम्हे इंतजार के

घंटों में दशकों का बोध करा जाते हैं
वो लम्हे इंतजार के

घड़ी-घड़ी जोड़ कर जो करते हैं इंतजार
तुझसे रूबरू होने का
तेरे दीदार ना होने पर
शूल से चुभ जाते हैं
वो लम्हे इंतजार के

ना तेरा कोई पैगाम आता है
ना ही तेरा कोई जवाब
पर हमेशा साथ रहकर
अब तो तुझसे ज्यादा करीबी हो चले हैं
ये लम्हे इंतजार के

तेरी रवायतों, रवायतों और मसरूफियत के बीच
चंद पलों के तलबगार हो बैठे हैं

मेरे ये अज़ल लम्हे इंतजार के

*_*_*_*_*_*

ज़िन्दगी में कभी-कभी हम
यूं ही इन लम्हों में गुज़र जाते हैं

*_*_*_*_*_*

लम्हों में गुजर जाना
तकदीर ना थी मेरी
मुझे लम्हों में गुज़ार देना
फितरत ना थी तेरी

कभी ऐसे लम्हों को भी सहेजना पड़ेगा
ये इस रिश्ते की ताबीर ना थी
तेरा मेरा रिश्ता यूं कुछ लम्हों का भी मोहताज ही जाएगा
ये तो इस रिश्ते की तासीर ना थी

ये ज़िन्दगी का चक्का भी कुछ अजीब है
कभी जिन्हें सुकून की नींद दिला जाते थे
आज उनकी यादें हमारी नींद उड़ा जाती है

१८. क्यों सिमट कर आई यूं ज़िन्दगी बेवजह

क्यों सिमट कर आई यूं ज़िन्दगी बेवजह
कुछ मासूम
कुछ अपरिचित सी
कुछ खोई
कुछ अनसुलझी सी
कुछ खुद में ही कहीं डूबी हुई

मिलकर भी ना मिलते
नदी के दो किनारों की तरह
होकर भी ना होते
सूरज की रोशनी में चांद सितारों की तरह
यादों में बिछड़न का तीखा दर्द इस तरह

ख्वाबों में
एक अंधेरी रात में
आंखों को नम करती
बेचैन मन को और अस्थिर करती
क्यों सिमट कर आई यूं ज़िन्दगी बेवजह

तोड़ देता है उम्मीद के पहाड़ को
एक छोटा सा सच

१९. सच को सपने सा फिसलते देखा है

सच को सपने सा फिसलते देखा है
मैंने तेरे दिनों को अपनी यादों में पिघलते देखा है
अप्रतिम , अविश्वसनीय लगती थी जो बातें
उन्हें झूठ के पुलिंदों में बंधते देखा है
मैंने सच को सपने सा पिघलते देखा है

चांद की उस चांदनी में सूरज की तपिश झेली है
भीड़ में तन्हाई के साथ लुका-छिपी खेली है
मैंने आज को बस सपनों में ही कल से बेहतर देखा है
मैंने सच को सपने सा फिसलते देखा है

मैंने खुद को राह से भटकते देखा है
सही को सही साबित करने के लिए
गलत रास्ते अख्तियार करते देखा है
काली स्याह रात की घुटन को
दिन के उजियारे से बेहतर देखा है
खुशियों को खोजने के प्रयास में
दुखों से अपना दामन उलझते देखा है

हर किसी यकीन पर खुद को संदेह करते देखा है
हर किसी चाहत को बदस्तूर चकनाचूर होते देखा है
मैंने खुद को खुद से खुद से दूर जाते देखा है
मैंने सच को सपने सा फिसलते देखा है

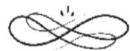

हर लम्हा तेरे संग मानो जीवन का उपहार है
हर लम्हा तेरे संग जैसे रंगो का त्योहार है

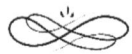

२०. रहना तू है जैसी तू

कभी-कभी कुछ किस्से अफसाने बन जाते हैं
कभी-कभी कुछ सपने सच हो जाते हैं
कुछ खुशियां अक्षुण्ण हो जाती हैं
अपने नैसर्गिक स्वरूप में
कुछ रिश्ते अबैध हो जाते हैं
बन अलौकिक इंसानी प्रतिरूप में

वैसे तो आडंबर और कृतघ्नता इस संसार मात्र को घेरे हैं
वैसे तो किंकरतव्यविमूढ़ हो हम झूठ के आंचल में
हर सच्चाई से मुंह फेरे हैं
कभी हमारा तमक किसी हृदय की दमक से
हमें जोड़ देता है
कभी एक जिजीविषा
एक आवेग अनजाने में ही सही
एक विमल राह पर मोड़ देता है

ऐसा ही कुछ साथ है तेरा
जो देता है मन को निर्मलता , दृढ़ता और सुकून
ऐसा ही कुछ रंग है तेरा
जो दिल में भर देता है एक जुनून

प्रदर्शित कर देती हैं इस जीवन को
अंधेरे गलियारों में
तू वो मनस्वी
जो तृप्त कर देती आत्मा को भी
लगा कर अपनी बातों में
तू है एक कैरव
जो धवल शिखरों पर
सूरज की पहली किरण सा निश्चल है

तू है वो खूबसूरत एहसास
जो मेरे लिए प्राण वायु तुल्य है
तू है बस तू
नहीं है कोई ऐसा जैसी तू
रहना तू सर्वदा जैसी तू

मेरे स्वप्नों की एक हकीकत
मेरे ख्वाबों में बसा जहान
मेरे अस्तित्व का एक मुकाम
मेरी निरंतरता का आयाम है तू
तू है बस तू

नहीं है कोई ऐसा जैसी तू
रहना तू सर्वदा जैसी तू

उसने थाली फेंक दी
खाने में नमक ज्यादा था
वो खुश था कूड़ेदान में झांक कर
वो आज भूखा नहीं सोएगा

२१. इंसानियत

कहीं लाखों रुपए धुएं और शराब में उड़ाती
तो कहीं कुछ चंद रुपयों के लिए मोहताज ज़िन्दगी
कहीं मोटर गाडियों और हवाई जहाज में सफर कर इठलाती
तो कहीं बिन चप्पल सड़कों पर रास्ते तलाशती ज़िन्दगी

कहीं खाने में पकवानों की फेहरिस्त में अपनी पसंद ढूंढ़ती
तो कहीं एक वक़्त की रोटी की तलाश में
जूझती है ज़िन्दगी
कहीं हज़ारों रुपए एक कपड़े और घड़ी पर फूँकती
तो कहीं दस रुपए के लिए घड़ी - घड़ी बेबसी में
सिसकती ज़िन्दगी

जागो , उठो और सोचो की क्यों है
इतनी लाचार कई लोगों की ज़िन्दगी
करो कुछ ऐसा की बन जाए
तुम्हारी औरों के लिए मददगार ज़िन्दगी

किसी बदनसीब को पढ़ाकर
किसी भूखे को रोटी खिलाकर
सोचो कैसे मुसकुराएगी ये ज़िन्दगी
इंसानियत सिर्फ एक शब्द नहीं
ये अगर दिखला दिया तो सोचो
कैसे इठलाएगी ये ज़िन्दगी

**जो मैंने सबके सामने सुनाई थी
वो सच्चाई थी कोई किताबी प्रेम कहानी नहीं
तुम कहानी तो समझ गए
पर पात्र नहीं**

२२. मेरी अधूरी कहानी

जो तेरे लिए थी पूरी वो मेरे लिए अधूरी कहानी थी
तूने जो बीच में छोड़ दिया वो तेरी मनमानी थी
मैं तो बस खड़ा हो थोड़ा सा चला ही था
ना जाने क्या सोच कर तूने मुझे आगे बढ़ने से रोका था

अभी तो शुरू ही हुई थी बातें
कई पल और बढ़ सकती थी मुलाकातें
तुझे लगा की हो गया है इस कहानी का अंत
ना जानने की कोशिश करी तूने
की अभी तो संभावनाएं थी अनंत

अभी तो जाना बहुत दूर था
मिलन का वो एहसास अभी अपूर्ण था
तुम तो जज्बातों को बस छू भर ही पाए थे
बचे इस कहानी के बहुत अध्याय थे

तुम्हें एहसास नहीं हुआ पर एक सितम तुम कर गए
एक अजीब सी बेचैनी एक कसक सी छोड़ गए
तुम अभी भी वही हो और हम भी वही है
पर तेरे होने के इस एहसास में एक कमी सी है
तेरी लिए पूरी पर मेरी अधूरी कहानी सी है

हार तब नहीं होती
जब वो जीत नहीं पाता है
हार तब होती है
जब इंसान जीत का प्रयास छोड़ जाता है
हार तब नहीं होती
जब उसे आगे बढ़ने को राह नहीं दिखती
हार तब होती है
जब अँधेरा देखते ही वो रुक जाता है

२३. जीवन की कीमत

थककर एक पथिक रुक गया था ज़िन्दगी से हारकर
मर रहा था जीते जी अपनी इच्छाओं को मारकर
सोच रहा था इस जीवन को जीकर क्या मिलेगा
उसकी ज़िन्दगी में खुशियों का फूल अब कभी न खिलेगा

वो बैठा एक मोड़ पर कर रहा था विलाप
की एक आवाज़ ने उससे पूछा
क्यों ऐसे अपने जीवन का नाश कर रहे हैं आप
एक दुर्बल जर्जर काया थी वो जिसने आवाज़ दी थी
वास्तव में वो उस आदमी की अपनी ज़िन्दगी थी

आदमी ने पूछा कौन हो तुम
और कैसे हुआ तुम्हारा ये हाल
ज़िन्दगी बोली मैं हूँ वो ज़िन्दगी जो तुमने जी है
ज़िन्दगी भर रो - रो कर दुखी होकर हालत ये मेरी की है
तुमने ही करी है मेरी हालत बेहाल
क्योंकि तुम थे भूल गए की जीवन है एक सुंदर उपहार

रखना जो बातें के रहा हूँ तुमसे उन्हें याद
वरना यूँ ही करते रहोगे अपना जीवन बर्बाद
जीवन में बहुत कुछ पा सकते हो बिना कुछ खोकर
अपनी तकदीर को यूँ ना मारो अपने आप ही ठोकर
प्रसन्नचित्त खुद रहो और औरों को भी हंसाओ

अपने संग औरों की ज़िन्दगी में भी खुशियां भर जाओ

अगर कुछ और नहीं कर सकते
तो दूसरों की अच्छी बातें अपने दिल में उतार लेना
और बदले में ज़िन्दगी से दुखों का बोझ उतार देना
चाहे दुख हज़ार आए तुम उनसे घबराना नहीं
विपत्तियां कितनी भी आएं तुम झुक जाना नहीं

निरंतर आगे बढ़ते जाना मंज़िल कभी तो आएगी
निशा की कालिमा हटा कर दिनकर कि किरणें छाएंगी
तुम थककर कभी रुकना नहीं क्योंकि वह तुम्हारी हर होगी
निरंतर प्रयास करने से ही जीवन नैया पार होगी

जीवन की कीमत को उस दिन तुम समझ जाओगे
जिस दिन से इन बातों को अमल में तुम लाओगे
जिस दिन से इन बातों को अमल में तुम लाओगे

पता है साथ का तेरे है कुछ खुमार ऐसा
की थामना चाहता हूँ हर लम्हा तेरे साथ
पता है साथ का तेरे है कुछ नशा ऐसा
की डूब जाता हूँ तुझमें जब होता तेरे साथ

२४. गुलाबी ठंड

जब गर्मी के आलम को मिटा सर्दी कि धुंधली छाती है
तो बीच के उन दिनों में मदहोश करने वाली
वो गुलाबी ठंड आती है
तन को छूकर सरसरी सी सिहरन दे जाती है
अपनी याद भर से दिल को सुकून दिलाती है
तू है उस गुलाबी ठंड सी

इस भाग दौड़ और भीड़ भाड़ में होकर भी
जब मन में एकाकी छाती है
तेरे आलिंगन के एहसास मात्र से रूह तृप्त हो जाती है
अरमानों के इस काल चक्र
और एहसासों के भंवर पथ पर सीधी राह दिखलाती है
इस मोह माया के बीच फंसी
घोर तमस में अपना आयाम खोजती ज़िन्दगी में
तू है उस गुलाबी ठंड सी

एक जिजीविषा हरा देती है
हार के असंख्य कारणों को

२५. कौतूहल

यह कैसा कौतूहल
कैसी ये जिज्ञासा है
बहुत कुछ खो कर भी सब कुछ पाने कि आशा है

कुछ कर गुजरने का जज्बा
चट्टानों से भी लड़ जाने का हौसला
तेरी हर हार को हराती
यही तेरी जीत की पिपासा है

ना जाने कैसे हर हताशा को
उम्मीद की आस दिखला जाती है तेरी ज़िन्दगी
तेरे इस अलौकिक स्वरूप की ही तो करता हूँ मैं बंदगी
कुछ रहस्यमय है तेरी ये अपूर्व-अनुपम उत्कंठा
मुग्ध मोहित कर देती है
तेरी मौजूदगी और मिटा देती सारी शंका

शायद ही कोई उपयुक्त नाम हो
तेरी इस जिजीविषा के लिए शब्दावली में
क्योंकि सकारात्मकता भी पाती
नए आयाम तेरे राज में

अनेकानेक प्रतिभाओं की धनी है तू
आचार व्यवहार से सुसज्जित
तू ऊंची उड़ान वाली वो चिड़िया है
जिसकी ख्याति है अभिलेखों में अर्जित

तू है एक सपना और एक हकीकत भी
तू एक उम्मीद भी है और एक अभिलाषा भी
तू एक तरन्नुम भी है और एक फसाना भी

तेरे होने से एक उमंग भी है
और तू एक तरंग भी है
तू एक आशा है
एक विश्वास है
एक मधुर संगीत है
एक साज है
तू एक कोकिला कि आवाज़ है
तू ज़िन्दगी के फलसफे का आगाज़ है

तू खुद ही एक कौतूहल
जिसे जानने की जिज्ञासा है

ज़िन्दगी के कायदों को हमें
कुछ यूं समझा गए
पता भी ना चला
हम कब हबीब से रकीब बन गए

२६. सारांश

कुछ बीता है पिछला कुछ समय ऐसी दुश्वारियों में
की कई बातें अब मेरे दिल से निकलकर
तेरे दिल को चीर जाती हैं
जो हमेशा मानी उन्हीं रवायतों में मांगी तेरी रियायतें
सीने के हर जख्म को नासूर बना जाती हैं

गलती मेरी ही रही होगी कोई शायद
की मेरी हर जीत तुझे अब मेरी हार सी दिखती है
मेरी हर खुशी तुझे एक अवसाद सी लगती है
मेरा हर बोल मानो तेरे लिए कोलाहल हो गया हो

मेरी हर उम्मीद तेरे लिए बेड़ियों सी बंदिश प्रतीत होती है
मेरा हर ख्वाब तेरे लिए दुस्वप्न सरीखा हो चला है
मेरा हर गीत तेरे लिए करुण रस का राग हो गया है
मेरा प्यार तेरे लिए आँसुओं का सैलाब बन चला है

एक रिश्ता मानो एकाएक अनाथ हो गया है
ये हमारे रिश्ते का सारांश है
ये मेरे तेरे रिश्ते के बचे हर अंश का सार है

तू चले तो तेरा हर कदम
पद्म पुष्प सा मुस्कराए
तेरी ज़िन्दगी हो गुलाब सी सुगंधित वसुंधरा
महकाए
तेरा जीवन ऐसा हो की औरों के लिए जीवनशैली
बन जाए

२७. ज़िन्दगी की तस्वीर

अंधेरे गलियारों में झिलमिल ही सही
अब थोड़ी रोशनी करनी चाहिए
चाहे इस सांझ के बाद लंबी अंधेरी रात हो
पर यह शाम हसीन होनी चाहिए

दोस्ती सिर्फ भ्रम सही
पर इस भुलावे में ही फिर से वे रातें रंगीन होनी चाहिए
थमी सी ज़िन्दगी में कुछ बदलाव तो जरूरी है
अब इसकी तस्वीर बदलनी चाहिए

कोलाहल में जो संगीत है
उसमें छुपी धुन समझनी चाहिए
लड़खड़ाते कदमों से ही सही
पर मंज़िल तो मिलनी चाहिए

सपनों को थोड़ी दूर तक ही सही
अब हकीकत के पंखों को लगा उड़ान भरनी चाहिए
तकदीर की तासीर अब चाहे जैसी भी है
अब ज़िन्दगी की तस्वीर बदलनी चाहिए

वो रोता रहा कि मयस्सर खुशी के उसे आफताब नहीं
खुदा ने जो भेजा था वो कासिद भी रूठ कर चला गया
कि उसकी क्या मदद करूं जिसे खुद पर ही एतबार नहीं

२८. मंजिले निकल गई, हम राह ढूंढ़ते रहे

मंज़िलें निकल गई
हम राह ढूंढ़ते रहे

दीपावली चली गई
हम दीप खोजते रहे
खुद ही खुद से नावाकिफ रहे
और शीशे में दिखते चेहरे का पता पूछते रहे
अपने हाथों की लकीरों को अधूरा समझ
औरों की बंद मुट्ठियों में अपनी तकदीर खोजते रहे
मंजिले निकल गई
हम राह ढूंढ़ते रहे

अनजानों के शहरों में हम दोस्तों का साथ ढूंढ़ते रहे
मोती समंदर में बह गए हम रेत छानते रहे
अपने आशियाने की ठुकरा हम खानाबदोश फिरते रहे
जिनकी आंखों के हम तारे थे उनका दिल दुखाकर
खुद के लिए आसमान में सितारे ढूंढ़ते रहे
मंजिले निकल गई
हम राह ढूंढ़ते रहे

जीत के हर मुकाम पर हम हार का जिक्र छेड़ते रहे
रात भी गुजर गई हम बस करवटें बदलते रहे
फूलों की चादर ठुकरा कर
हम काँटों से दामन उलझाते रहे

जिनको ना फिक्र थी हमारी
उनके वास्ते अपनों से रिश्ते तोड़ते रहे
बाहें फैलाए खड़ी रही ज़िन्दगी
और हम मुंह फेरकर पुराने जख्मों को कुरेदते रहे
मंजिले निकल गई
हम राह ढूंढ़ते रहे

जोड़ कर सब रास्तों को एक कर लिया
हर दोराहे , चौराहे और मोड़ का मेल कर दिया
जब ठान लिया की हार मान रुकना नहीं
मंज़िल ने भी हमराही बन मुझसे मेल कर लिया

२९. मंजिल

रुक नहीं थम नहीं यह सिर्फ रास्ता है मंज़िल नहीं
दर्द सिर्फ एक बहाना है
याद रख ये तेरी ख़ुशियाँ छिन जाने का पैमाना नहीं
माना कि यह रात अंधेरी कालिमा समेटे है
पर हर रात के बाद ही सुबह आती है
यह दिव्य सत्य है कोई फसाना नहीं

सागर जहां गहरा होता है वहां स्थिल रहता है
सागर की लहरें तो बस किनारा आने की आहट भर हैं
कोई बवंडर नहीं
तो मत हो उदास की सन्नाटा छाया है चारों ओर
इस खामोशी में जो छुपा है वह गीत सुन
मिलेगी खुशी यहीं

दर्द आज नहीं तो कल भूले जाएंगे
वक्त के गहरे मरहम से
उस ज़ख्म के सारे दाग मिट जाएंगे
अपने आप को भूल यूं बर्बाद ना कर
यह ज़िन्दगी अनमोल है मिलेगी यह दोबारा नहीं तू
उठ ले शपथ कि अपना था मैंने तेरे यह कदम
मुस्करा कर देख तो जरा एक बार
सारे दर्द नजर आएंगे बेदम

कलम अच्छा है सिर्फ शब्द लिखती है
अल्फाजों को रंगों में रंगती नहीं
वरना मेरी कलम सूरज की लाली को बेअसर करती

३०. दिल की डोरी

जब यादें तुम्हें सताए तो
ये ना कहना कोई बात नहीं
जब गम का किस्सा आए तो
ये ना कहना कुछ याद नहीं

जब सुंदर सपने सजते थे
तब की कुछ बात अनोखी थी
जो हुआ है वह सोचा समझा है
कभी यह ना कहना कि अनहोनी थी

जब बढ़े फासलों संग
कभी किसी और मोड़ पर मुझसे तुम टकराओगे
यह मिथ्या ना रखना अपने संग तुम
कि वापस मेरे जीवन में जगह पा जाओगे

जो कलकल करके बहता था
वह झरना अमृत रस का था
जो आज बहता दिखता है
वह लावा है बहते आँसू का

जो कलरव था कल तक
जिसमें गुंजन थी प्यार भरे बोलो की
वह कोलाहल है सिर्फ पीड़ा देता आज

याद दिलाता लगी अनगिनत चोटों की

जब हँसी ठिठोली की सोचेंगे
तो शायद कुछ पल याद आएंगे
उन सुंदर यादों को अब से
दुस्वप्न समझ भूल जाएंगे

जो भी समझो इसे पर
दिल की एक डोरी तो है टूट गई
फिर चाहे वह मंजिल ही थी
पर अब पीछे वह है छूट गई

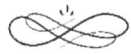

निशि पथ पर पड़ती वो वर्षा की बूँदे
देती शीतलता धरती को
मन पर भी को पड़ जाती तो
स्मृति-वन में पहुंचाती

- शैली

३१. बूँद

है क्या एक बूँद का अर्थ
इसकी तलाश में फिर रहा था मैं
जो इसका उत्तर दें
उसका पता हर किसी से पूछ रहा था मैं

है क्या एक बूँद सोचता हूँ
तो आज भी दिमाग में उथल-पुथल मच जाती है
जब से एक बूँद के अर्थ
और पर्याय को जानने का प्रयास किया है
ज़िन्दगी के हर मोड़ हर आयाम पर
इस विषय को इसके विस्तार को और विस्तृत पाया है
अगर कुछ अगर सोचो तो कुछ नहीं
बस विशालता का एक छोटा सा अंश
अगर समझो तो
जीवन का सच्चा रूप
ज़िन्दगी का सारांश

बचपन में सुनी बूँद-बूँद करके घड़ा भरने वाली
कहावत का अर्थ अब जाकर समझ में आया है
और जितना भी समझ पाया हूँ इस कहावत के रूप को
उतना ही ज़िन्दगी से और लगाव आया है

एक छोटी सी कमी ही तो होती है
जो दर्द देती है
एक दौड़ में पहले और दूसरे स्थान पर आने वाले में
थोड़े से समय का अंतर
अगर गोली बस छूकर निकल जाए
तो ज़िन्दगी और मौत के बीच वह थोड़ा सा अंतर
सफलता और असफलता के बीच बसे बूँद भर का अंतर

ज़िन्दगी की उन सब कमियों को भरने वाली
यह सारी बूंदे ही तो है
जिन बूंदों से जीवन रूपी घड़ा
अमृत कलश बन जाता है

जिसमें है वह पहली बूँद प्यार की
एक बूँद दोस्तों के साथ बिताए समय की
एक बूँद मां के आंचल में छिपे लाड़ की
एक बूँद पिता की डांट में छुपे दुलार की
एक बूँद दिल में उठे जज्बात की
एक बूँद हार को जीत में बदलने की शुरुआत की

बस चाहत है मुझे पाने की
वो एक बूँद ज़िन्दगी की
वो एक बूँद बंदगी की
एक बूँद सादगी की
एक बूँद जीवन में नई ताजगी की

जो हो चुका उसे तो बदला जा नहीं सकता
इसलिए अब मुझे चाह है उन सब बूंदों की
जो जीवन में निरंतरता भर दे
मुझे चाह है उस आखिरी बूँद की
जो बरसों से भर रहे जीवन रूपी घड़े को
पूरा भर दे

जीवन कविता सा ही बहता है
प्रेम सरिता सा ही फलता है
प्रेम अनुभव से कविता बने
बने नया जीवन
प्रेम बंधन से बड़ा नहीं कुछ
कविता हो या जीवन

-- शैली

३२. हमसफ़र

तुम मेरे दिल को अपनी यादों से यूं ही सजाए रखना
हर धूप और हर छांव में मेरा साया बन
मेरी ज़िंदगी की डोर को संभाले रखना

मुझे रोक लेना हर बार
अगर जाने की ज़िद्द में करूं
थाम लेना हर डगर पर मेरा हाथ
अगर लड़-खड़ा कर गिरने मैं लगूं

अपनी मासूमियत को यूं ही
तुम खुद में समेटे रखना
अपनी खुशबू से मेरे जीवन को
यूं ही गुलज़ार रखना

रुठ जाना अगर कभी गलती मैं करूं
पर भूल से भी ना जाना छोड़ मुझे
चाहे खता कोई भी करूं

क्या रह पाऊंगा कभी होकर जुदा तुमसे
ये पता तो नहीं
पर जीना भूल जाऊंगा तुम्हारे बिन
इस बात का मुझे है यकीन

तुम जागना चाहोगी
तो पूरी रात स्याह कर दूंगा सुनने में तुम्हारी बातें
पर थक कर कभी नींद आ जाए
तो अपने पहलू की चादर उड़ा
अपने दामन में सुला देना

ये दास्तां कभी अधूरी ना रह जाए ये कोशिश करना
जीवन में हम कभी अजनबी ना बन जाए ये चाहत रखना
हम हकीकत ही रहे कोई ख्वाब नहीं
रब से बस ये दुआ करना
इस सफर के तुम हमसफ़र हो
इस खयाल को हकीक़त में तबदील करना

कस्तूरी मृग की तरह भटका हुआ है हर कोई
भाग रहा है जिसकी तलाश में
वो खुशी तो अपने अंदर छुपी है

३३. देर लगी लेकिन मैंने अब है जीना सीख लिया

कुछ इस तरह से समझा था इस जहान को हमने
मानो ख़ुशियाँ कम गम ज्यादा थे इसमें
सोचकर कल की बातें आज को हम भूल जाते थे
अकेलेपन से निकलने की जगह तन्हाई में डूब जाते थे

वक्त बिताया सपनों में
खुशी तलाशी बीते कल के कफनों में
भूल गए थे जो कल तक था पंछी कैद हुआ अब
जिन्हें कहते थे अपना वे हैं भूले अब सब

पर धीरे-धीरे समझ में आई हैं यह सब बातें
समय लगा पर अब नहीं होती स्याह ये रातें
तलाशा है खुद को फिर से अब
इस वादे संग कि ना भूलूंगा अब खुद को
जब खुद से ही दोस्ती कर ली है मैंने
तो किसी और की क्या तलाश अब मुझको

देर लगी लेकिन मैंने अब है जीना सीख लिया

कौन मानेगा
सबसे कठिन था
तुझे मनाना

३४. तेरी वो तस्वीर

इंतजार में उस तस्वीर के
ये वक़्त मुसलसल गुज़र रहा है
वही तस्वीर जिसके परस्तार हम ज़माने से हैं
वही तस्वीर जो परवाज़ देती
जहन में आरास्ता अरमानों को

ये तो आज के अफ़कार हैं तुम्हारे
तहजीबों तारीख में दरयाफ़्त नहीं
जो स्वप्न सुहाने भर जाती
उन तस्वीरों में कोई गलत बात नहीं

यादों के झरोखों में आरजू के मुसाफिर सा
तेरी उन मुरव्वत तस्वीरों के साये में
सुकून के मंज़र तलाशने को बेताब हूँ

वो एक तस्वीर जो जब - जब आती है
एक सिहरन सी छोड़ जाती है
जो आंखों में चमक
और सूखी दरख़्त में जान फूंक जाती है

तेरे संग के लम्हों की मीठे लम्स का एहसास दे जाती है
मेरी अतृप्त चाहत खोज रही तेरी वो तस्वीर
बैठा हूँ इंतजार में की कब आएगी वो तस्वीर

परिंदा पिंजरे में कैद ही सही
पर उड़ने के हुनर जानता है

३५. अठखेली का मंज़र

वो एक पल था स्वप्न सरीखा सा
वो मंज़र था अठखेली का
उन्मुक्त हो उस पल में
एक दूजी दुनिया में खुद को पाया था
उस पल से सर्वदा के लिए
इस लौकिक जहान में एक अलौकिक जगत बसाया था

वो रिश्ता है कुछ प्यारा सा
कुछ खट्टा मीठा तो कभी कुनमुनाया सा
खुद से खुद को मिलवाया तूने मुझे उन पलों में
फिर से जीना सिखलाया ला के हँसी लबों पे

तेरा मेरा ये रिश्ता जैसे धूप छांव
जिसमें है तेरे एहसास की वो धूप
तेरे आंचल की वो छांव

खुली आंखों से देखा ये सपना बहुत हसीन है
दो परिंदों की पिंजरे में रहकर भी
खुले आसमान में उड़ने की ये कहानी
हकीक़त में जिए स्वप्न सी है

**कुछ पल होकर भी नहीं होते
कुछ पल होकर भी भूले जाते हैं
पर तेरे साथ बिताये वो पल
भुलाने पर भी तेरी याद दिलाते हैं**

३६. वो हसीन पल

खामोश खंडहरों में एक आवाज़ सुनाई दी है
नज़रों को एक राह दिखाई दी है
नब्ज जो थमी थी
रुक - रुक के ही सही ज़रा चलने लगी है

हवा कुछ रूमानी सी
सूखी डालों को छुई है
बारिश की पहली बूँद का स्पर्श
मानो पाया हो बंजर ज़मीन ने
उसके तलबगार इस दिल ने फिर से
आहट की गुज़ारिश की है

उसकी यादों ने आज रात फिर
मेरे दरवाज़े पर दस्तक दी है
उसके सपनों ने आज रात फिर
इन आंखों से नींद ली है
उसकी यादों ने दर्द देकर ही सही
कुछ हसीन पलों की सौगात दी है

कैसे जी पाएं साथ में तुम्हारे
हम तुमसे मिलने को रास्ते बदल देते हैं
और तुम मिलने की शर्तें

३७. तेरे बिन

तू नहीं तेरी आरजू ही सही
तू नहीं अब बस तेरी जुस्तजू ही रही
मेरे अरमान बस मेरे सपनों में सिमटे हुए अब
तेरी यादों में भूल बैठा हूँ मैं सब

स्वर्ग से सुंदर थी दुनिया
अमावस भी लगती थी पूर्णमासी तेरे संग
तू जो नहीं तो हुए सारी दुनिया मेरे लिए बदरंग

हर पल लगता है सदियों का हो जैसे
पर तेरी याद आने पर पहर गुज़र जाते हैं
एक लम्हा हो जैसे
याद है जब तूने कहा था जाना है अब मुझे
क्यों सोचा ना तूने की कैसे भुला पाऊंगा मैं तुझे

तू चल दी कहकर की जाना होगा
क्योंकि फिर से जीना सीखना था तुझे
और मैं रोकता रह गया
क्योंकि जीना भूलना नहीं चाहता था मैं फिर से

**टूटा सपना जुड़ जाता है
पर टूटा भरोसा नहीं**

३८. गमजदा

गुमसुम है
उदास है
कहीं खुद से जुदा है

वो घूमता फिरता है उन्हीं राहों पर
फिर भी लोग कहते हैं वो गुमशुदा है
अपनों से राह पर ठोकरें खाई उसने
वो कुछ और नहीं बस गमजदा है

दर्द क्यों हैं इतने जब गलती ना की कोई
वो पूछता है उससे जिसे मानता अपना वो ख़ुदा है
टूट कर बिखर गया है वो
फिर भी ना जाने कैसे अभी भी वो हँसता हुआ खड़ा है

अब खुद को आईने में देखने से डरता हूँ
बहुत बुरा हूँ ऐसा लोग पीठ पीछे बोलते हैं

३९. हार

उड़ रहा था ख्वाबों में पंख लगा कर तू
आसमान के पार जाने की लालसा दिल में लिए था तू
उमड़ते थे दिल में जीत के जज़्बात सिर्फ तेरे
जीत के खुमार में हार से अनजान था तू
ये बता क्यों सुना नहीं तूने
तेरी हार का जिक्र तो फिज़ाओं में था

चल रहा था अडिग
देख रहा था सिर्फ मंज़िल को तू
रास्ते की कठिनाइयों से बेफिक्र था तू
अरमानों के भंवर में कश्ती लेकर था निकला
क्यों हकीक़त के सामने आँखें मूंद आगे बढ़ गया था तू
क्यों तूने सुना नहीं
तुझे हराने की साज़िश का किस्सा तो हवाओं में था

अब हार को क्यों रोता है
गलती भारी कर गया था तू
परायों के शहर में हर किसी को अपना समझ गया था तू
अब रोकर बिलख कर क्या पा लेगा भला ये बता
जब दिमाग के आगे दिल से पहले ही हार गया था तू
क्यों तूने सुना नहीं
तेरी हार का मशवरा तो पूरी कायनात में था

कुछ कही और बहुत अनकही बातों के बीच
सपनों और हकीकत के बीच सामंजस्य बैठाती
कभी हँसाती कभी रुलाती
इठला कर नित्य नए रूप दिखलाती
अनकही ज़िन्दगी

४०. अनकही ज़िन्दगी

सोचो अगर क्या है
तो ना जाने क्या है ये ज़िन्दगी
कुछ अनकही बातें
कुछ हसीन पल
कुछ यादों का संगम ही तो है ज़िन्दगी
सोचो तो उथला दरिया
डूबो तो गहरा सागर है ज़िन्दगी

कभी है फूल का नाज़ुक स्पर्श
तो कभी कांटों में उलझी है ज़िन्दगी
कभी किसी के होठों की मुस्कान है ज़िन्दगी
कभी किसी के दिल में उठा तूफान है ज़िन्दगी
कभी फरियाद
तो कभी एहसास है ज़िन्दगी
बचपन की मीठी यादों का साज़ है ज़िन्दगी

प्यार भी है ज़िन्दगी
तकरार भी है ज़िन्दगी
तूफान से कश्ती निकलने का नाम है ज़िन्दगी
कभी किसी को पाने का अरमान है ज़िन्दगी
कभी किसी को खो देने का अवसाद है ज़िन्दगी
सूरज की किरणों में बसी छांव है ज़िन्दगी
आकाश में तारों से अंजान है ज़िन्दगी

कभी कुछ कर गुजरने का जोश है ज़िन्दगी
तो कभी होश को भटकने का नाम है ज़िन्दगी
चाहे प्यार में या तकरार में
हर अच्छाई की आस में है ज़िन्दगी
खुद डूब कर भी दूसरों को बचाना है ज़िन्दगी
सब कुछ भूलकर निरंतर आगे बढ़ते जाना है ज़िन्दगी
एक लंबे सफर की अनकही दास्तान है ज़िन्दगी

अपरिभाषित रिश्तों के आयाम नहीं होते
जो उनकी गहराई को नाप सकें ऐसे परिमाण नहीं होते

४१. अपरिभाषित

तेरा मुझ से रिश्ता क्या है, अपरिभाषित
मेरा तुझ से वादा क्या है, अपरिभाषित
तुझ संग खुशी मिलती क्यों मुझे, अपरिभाषित
मेरे संग भूली जग को क्यों तू, अपरिभाषित

प्रीत नहीं ये
रीत नहीं है
फिर भी क्यों लगता कि गीत सही ये
इस खयाल का जवाब , अपरिभाषित

मुझमें मैं तो खोता हूँ
पर तू क्यों खो जाती मुझमें
अपने आँसू भुला क्यों हर्षित हो जाती तू
इसका भेद अपरिभाषित

ये झूठ नहीं पर सच है क्या
सपना तो नहीं पर कल्पना है क्या
ये रहस्यमयी गुत्थी, अपरिभाषित
ये कल भी था
ये आज भी है
जीवन को जीने का छुपा इसमें राज भी है
फिर भी ये कहानी अपरिभाषित

कल के फेर में बीत गयी ज़िन्दगी
आज फिर जीना भूल गयी ज़िन्दगी

४२. कल का कालचक्र

कही अनकही सारी कल ही की तो कहानी है
कभी दर्द कि टीस तो कभी आस देती
वो कल से उम्मीद वो कल का एहसास

कल वो है जो कभी आता नहीं
और कल वो भी है जो ज़िन्दगी से कभी जाता नहीं
एक जो बीत गया
और एक जो आएगा
दोनों से ही कोई पीछा छुड़ा पाता नहीं

बीता कल आने वाले कल की बुनियाद भी हो सकता है
और बीता कल आने वाले कल को मिटो भी सकता है
कल क्या होगा वो छुपा भी कल की गर्भ में है
जो छूट गया पीछे वो भी दर्ज बीते कल ही में है

कल तो कलकल कर समय की दरिया में समा जाएगा
कल की चिंता में कहीं ये आज तो नहीं खो जाएगा
कल के रहस्य को कोई नहीं समझ पायेगा
कल का बोध तो सिर्फ कल ही करवा पायेगा

तो कल की ना सोच आज में जी
आज को कल से बेहतरीन बनाने की कोशिश में जी
कल की बुनियाद को आज से मजबूत कर
कल का तू आज ही रचयिता बन जाए ऐसा कुछ कर

फिर देख कल कभी ना किसी को डरा पायेगा
हर कल पिछले कल से ज्यादा बेहतर नज़र आएगा
हर किसी को बांधे बैठा ये कल का कालचक्र

इश्क़ की खुमारी
इश्क़ की बीमारी
इश्क़ के रंग
और इश्क़ के दर्द
अमूमन जान लेकर ही छोड़ते हैं

४३. इश्क

ये इल्म नहीं की कैसे
तुझ जैसा नूर-ए-महताब फ़िरदौस की जगह
इस जहां में मिल गया
हां पर तेरा होना महज इत्तफाक नहीं इतना यकीन है
तेरे होने भर का एहसास तक एक तस्कीन है
तेरे ना होने का खयाल ही रूह में भर देता इजतिराब है

इस बयाबान बेपरवाह माहौल में
एक तेरे अफसून का कायल हूँ
एक आतिश सी है तू जो राख बना देती हर फिकर को
ना जाने खुदा की इनायत है या एक मोजजा
या फिर है रूहानियत का पाकीजा पैमाना
पर जो भी है
मानो खुदा से मांगी हर दुआ की मुसलसल तामील है तू

तुझे बस देख भर लेना ही एक सुकून का एहसास है
तेरी आंखों में मेरा चेहरा
मानो कायनात का सबसे अजीज इनायत
तेरा होना मानो अब्र से अब्शार निकला हो जैसे
यकीनन तू है मेरी जान-ए-फिज़ा
महज़ किसी हर्फ या लफ्ज़ से तेरी पहचान नहीं

कुछ कर गया तो क्या दिल ही तो है

४४. ये दिल

थोड़ा नटखट
थोड़ा शांत
थोड़ा फरेबी
थोड़ा ईमानदार
ये गुस्ताख दिल

थोड़ा मतलबी
थोड़ा बेपरवाह
थोड़ा रूमानी
थोड़ा रूहानी
ये अपने में मशगूल दिल

थोड़ा अक्खड़
थोड़ा कोमल
थोड़ा मासूम
थोड़ा शैतान
ये नादान दिल

थोड़ा आवेशी
थोड़ा दूरंदेशी
थोड़ा स्पष्ट
थोड़ा शिथिल
ये रहस्यमयी दिल

थोड़ा पागल
थोड़ा दीवाना
थोड़ा अपना
थोड़ा बेगाना
ये मदहोश दिल

अपना हाल जानने के लिए
तेरा हाल पूछ लिया करता हूँ
क्योंकि मेरा है प्रतिबिंब तू

४५. तुम

तुम प्रेरणा हो मेरी
ना होना तुम कभी खामोश
कह देना हर कोई बात
मैं लेखक तुम कविता हो मेरी

तुम कल्पना हो मेरी
ना थमने देना कभी अपने हौसलों कि उड़ान
हर मुकाम पर पाओगी तुम मुझे अपने साथ
मैं पुजारी तुम आराधना हो मेरी

तुम अभिव्यक्ति हो मेरी
ना करना कभी खुद को अपने सपनों से दूर
कर देना अपनी चमक से सबको सम्मोहित
मैं चाँद तुम चांदनी हो मेरी

तुम चंचलता हो मेरी
ना होने देना कभी खुशी को खुद से जुदा
अपनी चाहत को कभी ना कहना अलविदा
मैं पतंगा तुम रोशनी हो मेरी

तुम शक्ति
तुम भक्ति
तुम प्रेरणा

तुम उपासना
तुम साज
तुम ही आवाज़
तुम हो हर खुशी
तुम से ही ज़िन्दगी
तुम हो मेरी
बस तुम हो मेरी

एक पल में बीत गया
सदियों से जो देख रहे थे
वो सपना

४६. पल

हर पल है हमसफ़र इतना तू जान ले
ख़ुशियाँ और गम तो हैं दिमाग की उपज
इतना तू मान ले
जिस पल में तू है उस पल को तू जी ले
हँसी खुशी के जो पल मिले हैं उन्हें दामन से सी ले

क्या पता ये ख़ुशियाँ फिर मिल पायें या नहीं
या ज़िन्दगी की भीड़ में खो जाए तू कहीं
इन पलों कि याद में ही पूरा जीवन बिता सकता है
इनको बुनियाद बना नया संसार बसा सकता है
जान इस पल की अहमियत को ये पल कल ना होगा
जो है आज अपना वो भी शायद कल अपना ना होगा

जो जी रहा है उस पल में ज़िन्दगी को जी ले
जीवन की सारी ख़ुशियाँ इस पल में तू पी ले
ख़ुशियों और गमों का रेला तो चलता रहेगा
तू ही नहीं हर कोई इस ज़िन्दगी में इनको सहेगा

क्यों अगले पल की सोचकर इस पल को भूलता है
अपनी ज़िन्दगी के हसीन पलों छोड़ कहीं और झूलता है
ये सोच चाहे दुख हज़ार आएं हसीन पल कभी तो आयेंगे
तब सारे कष्ट चुटकी में भूले जायेंगे

सोच शायद इन कष्टों के पीछे भी कोई राज़ हो
इनको पार पाकर ही ज़िन्दगी का नया आगाज़ हो
अगर पल की अहमियत को तू समझ जायेगा
तो ये संसार ही तुझे स्वर्ग सा सुंदर नज़र आयेगा

कभी-कभी हम से भी
बिन वजह गुफ्तगू कर लिया करो
अच्छा लगेगा जानकर की बातों में ना सही
यादों में हम आज भी है

४७. तेरे बिन

तेरे बिन एक दस्तक हूँ उस किवाड़ पर
जो लगा है किसी खंडहर की दीवार पर

तेरे बिन एक दीप हूँ बुझा हुआ
जिसमें गर्मी तो है पर आग नहीं

तेरे बिन एक जलाशय हूँ सूखा हुआ
तेरे बिन जीवन है बद रंग श्वेत श्याम सा

तेरे बिन मैं होकर भी खुद को हूँ कहीं भूला हुआ
तेरे बिन मैं वो सब कुछ हूँ जो मैं नहीं

 तेरे बिन हूँ शून्य सा
होकर सामने भी नेपथ्य में

तेरे बिन सब होकर भी हूँ खोया सब
तेरे संग सब खोकर भी जैसे पा जाता हूँ सब

तेरे बिन मुझ में मैं नहीं
तेरे बिन कुछ नहीं

**रावण सिर्फ एक नाम नहीं एक आत्म बोध है
परम ज्ञानी को जो अज्ञानी बना दे
वो इंसान के अंदर छिपा अहंकार और क्रोध है**

४८. विजयादशमी

रावण जब तक ज्ञान का भंडार था
उस दशानन के दस सिरों में ६ शास्त्र, ४ वेद और ६४ विधाओं का ज्ञान था
ज्ञान बल के ज़ोर से
जब दशानन का विजय-रथ घनघनाता था
तब कोई भी शूरवीर क्या कहीं रावण से आँखें मिलाता था

रावण जब अज्ञानता की कालिमा में राह भटक
बुराई की अमर्यादित राह पर निकला था
उस दिन से दशानन का हर सर
काम, क्रोध, मोह, लोभ, मद, मत्सरा, स्वार्थ, अन्याय, अमानवता और अहंकार का
मानो अभिप्राय हो उठा था
हर अच्छाई की तुलना तो राम से ना हुई
पर हर बुराई का रावण
विषयक हो चला था

विजयादशमी सिर्फ त्योहार नहीं
ये पर्व है आत्मलोकन का
अपने अंदर के पाप के रावण को जलाने का
बुद्धि - विवेक पर विजय पाकर
खुद को बेहतर इंसान बनाने का

दशहरा एक अनुस्मारक है
अपने भीतर के दशानन को हराने का

कागज के रावण को जलाकर क्या खुशी पाओगे
क्या राम सा पौरुष
अपने अंदर के रावण को मिटाए बिना पा जाओगे
सिर्फ राम का मुखौटा मेले से खरीदना नहीं
अपितु अपने अंदर के राम को जगाना होगा
इस धरा पर फिर से
दनुजता पर मनुजता का विजय-ध्वज फहराना होगा

नन्ही आंखें निहार रही थी तिरंगे को विस्मित होकर
जो भवन पर लहलहाता था वो आज पिता की
चादर क्यों बना है

४९. वीर तुम चले चलो

जो लिया है हाथ में वो कार्य सदा पूर्ण हो
जब ठान लिया है दिल में तो कार्य कभी न शून्य हो
वीरों की वीरता में कभी कोई कमी ना हो
आत्मबल बना रहे धीरता भी कम ना हो

कितनी भी बाधाएं हों
या चाहे फिर आपदाएं हों
देश के लिए जान हो
कर्म के लिए प्राण हो

ना कम कभी स्वाभिमान हो
तुम्हें अपने देश पर अभिमान हो
रुकने की सोचो ना आत्म का बलिदान दो
अपने दृढ़निश्चय का कर्म कर प्रमाण दो

सदा सूरज नहीं दमकता सांझ भी तो होती है
हर नयी सुबह से पहले काली रात भी तो होती है
लक्ष्य जब है ठान लिया तो पूरा कर ही दम भरो
साहिल को किनारा ना मिले ना ऐसी कभी बात हो

भटका दे पथ से ऐसी न कोई अंधकारमय रात हो
चाहे जीत की ख़ुशी या असफलता की टीस हो

कदम तुम्हारे रुके नहीं अगर सच्चे वीर हो
बिना रुके बिना थके चले चलो
वीर तुम चले चलो
वीर तुम चले चलो

४९. वीर तुम चले चलो

जो लिया है हाथ में वो कार्य सदा पूर्ण हो
जब ठान लिया है दिल में तो कार्य कभी न शून्य हो
वीरों की वीरता में कभी कोई कमी ना हो
आत्मबल बना रहे धीरता भी कम ना हो

कितनी भी बाधाएं हों
या चाहे फिर आपदाएं हों
देश के लिए जान हो
कर्म के लिए प्राण हो

ना कम कभी स्वाभिमान हो
तुम्हें अपने देश पर अभिमान हो
रुकने की सोचो ना आत्म का बलिदान दो
अपने दृढ़निश्चय का कर्म कर प्रमाण दो

सदा सूरज नहीं दमकता सांझ भी तो होती है
हर नयी सुबह से पहले काली रात भी तो होती है
लक्ष्य जब है ठान लिया तो पूरा कर ही दम भरो
साहिल को किनारा ना मिले ना ऐसी कभी बात हो

भटका दे पथ से ऐसी न कोई अंधकारमय रात हो
चाहे जीत की ख़ुशी या असफलता की टीस हो

कदम तुम्हारे रुके नहीं अगर सच्चे वीर हो
बिना रुके बिना थके चले चलो
वीर तुम चले चलो
वीर तुम चले चलो

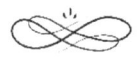

रात की चादर में लिपटी आँखें बेनूर हो गई
कालिमा लालिमा हो गई
अब देखो मैं सारी रात जगता हूँ

५०. कल रात

कल रात फिर वो रात थी
जब मैं देर तक जगता रहा
आँखें बंद कर जो देखे थे
उन सपनों की राह तकता रहा

कल रात भी नींद की चादर ओढ़ मैं सोने चला था
मीठे सपनों कि गहराइयों में
मैं फिर खोने चला था
पर उस अनजानी सिहरन ने
कल रात मुझको फिर छुआ
लगा अंधेरे में आहिस्ते से
सन्नाटे ने मुझसे कुछ कहा

ये फिर हुए था कल रात कुछ देर पहले नींद से
बेजार इन आंखों से कुछ अश्क मिलने आ गए
थे नहीं अकेले वो कई को संग लाए थे
कुछ ख़्वाब भी टूटे हुए संग उनके चले आये थे

एकाएक याद आ गए वो लोग जो थे भूले हुए
वो जो यादों कि गहराइयों में
कहीं धूल में थे लिपटे हुए
याद आ गई बातें
जो भूली थी मुश्किल से जाकर कहीं

आईने में दिखने लगा वो चेहरा
जिसे भुला ना सका मैं कभी

बैठा हुआ गुमसुम थमी सी रात में
बहुत देर तक सोचता रहा
जो लिखा था रेत पर
उस नाम को सितारों में ढूँढता रहा

कल रात फिर वो रात थी जब मैं देर तक जगता रहा
जिनमें कुछ देर पहले नींद थी
उन आंखों से देर तक आँसू पोंछता रहा

वो मेरा शहर और उसकी भूली बिसरी यादें
गुदगुदा कर मुस्कान दिलाती वो बीती बातें
स्मृति और स्वप्न के बीच के फासलों को तय करती
वो अप्रतिम, अविस्मरणीय यादें

५१. यादों का काफिला

सोचता हूँ तो समझ नहीं आता
की वक़्त बदला है या नजरिया
पर इस इस भीड़-भाड़ और भाग-दौड़ में
खुद को तन्हा पाता हूँ

क्या कुछ पाया है या खुद को कहीं भूल आया हूँ
अपनों के शहर में खुद को अनजान सा पाता हूँ
कुछ करीबी अज़ीज़ है इस शहर में आज भी
पर शायद वक्त के साथ इस दौड़ में
उन्हें कहीं पीछे छोड़ आया हूँ

यूं बेपरवाह है हम आपस में अब
की ना उन्हें कोई फिकर है ना मुझे कोई खबर है
जो जानिसार थे कभी वो खाकसार हो गए हैं
दुनिया की रवायतों में कहीं छूट गया वो यारों का काफिला
अपने पीछे छोड़ गया यादों का काफिला

ऐ ज़िन्दगी कैसे बतलाऊँ तुझे तेरी कीमत
तू तो कोहिनूर को भी बस पत्थर बना देना का
हुनर रखती है

५२. बवंडर

तू है एक बवंडर थमा सा
आगे बढ़ और मचा दे हलाहल
दिखा दे दुनिया को की तू बस रुकी थी
हारी ना थी

क्या है तू क्या कभी सोचा है
क्या खुद के मोती रूप को माला में पिरोया है
शायद यकीन ना करें पर क्या जानती है कि
एक जज्बात है तू
एक वादा है तू
एक फरियाद है तू
एक इच्छा है तू
एक स्वप्न सरीखा एहसास है तू

तू है वो जो भुलाया नहीं जा सकता
तू है वो जिसके साथ का मूल
कभी चुकाया नहीं जा सकता

तू है अपने में एक जहान जो दुनिया से परे है
तू है वो जो हर पल खुद को औरों के लिए जीती है
तेरे स्वार्थ में भी निस्वार्थ का एहसास है
बस दुआ है कि ज़िन्दगी तेरी रंगीनियों में सराबोर हो

तेरा जीवन एक वाक्य नहीं
बल्कि एक खुशनुमा किताब हो
तू सिर्फ अपने में नहीं
अपितु पूरी दुनिया तुझमें समाहित हो
काश तेरे सपनों की दुनिया
असल दुनिया में परिभाषित हो

**रोज़ दिल से कहता हूँ चल भूल जा उसको
पर वो कमबख्त कहता है पहले दिल से तो बोल**

५३. तेरा होना

तू है एक सिलसिला कोई मुकाम नहीं
की अगले पल पा कर भूल जाऊँ तुझे
तू है हकीकत जो जीने की चाह जगाती
कोई ख्वाब नहीं की आंख खुलने पर खो जाऊं तुझे

तू मेरी कलम की ताकत
तू मेरी हर कला का प्रतिरूप है
तू मेरी हर मुनासिब खुशी का आयाम है
तू मेरी हर हार को जो जीत में बदल दे
उस शक्ति का प्रमाण है

तू खुद से ज्यादा मुझमें है
मेरा अक्स है तुझसे
मेरी रूह की तू ही रहबर है
मेरे आइने का प्रतिबिंब तुझसे

मुझमें मेरे होने का एहसास तक है तुझसे
बता कैसे बदल जाऊं तेरे लिए
बता कैसे भूल जाऊं तुझे

जिनके तसव्वुर में गुजर रहे थे
एक दिन उनसे मुलाकात हो गई
हमने कहा सच नहीं
तो कुछ झूठ ही बोल दो तसल्ली हो
वो बोले
आज भी बहुत याद आती है तुम्हारी

५४. क्या कहें

कुछ सुनना तुम्हें नहीं
पर बहुत कुछ कहना मेरा बाकी अभी
एक अपरिभाषित दूरी है अब
क्या कहें

याद तुम्हें आती नहीं
पर मेरे दिल से तुम जाती नहीं
एक अतिशय दर्द का सतत एहसास है अब
क्या कहें

चुप रहकर तुमने सब कुछ बोल दिया
और मैं बहुत कुछ बोल कर भी
कुछ नहीं कह पाया
अपनेपन की जगह अनमनेपन का
हमारे बीच एक दरिया है अब
क्या कहें

मीठे बोल अब तुम कह पाते नहीं
पर जज़्बात मेरे उमड़ने से खुद को रोक पाते नहीं
एक अनिश्चितता घेरे बैठी इस रिश्ते को अब
क्या कहें

जो भी था तेरे दिल में नून्य हुआ सब
तेरी बेरुखी से मेरा मन मस्तिष्क शून्य हुआ अब
एक अनकही अनवरत टीस दिल में लेकर बैठा
क्या कहें

तुम तो शायद भूल गए की
मैं परायों के बीच था एक अपना सा,
तेरी यादों का मंज़र अब मुझे लगने लगा है
अतृप्त सपना सा
कहते हो अपने हो आज भी
फिर भी मीलों की तुमने दूरी दी है
क्या कहें

तुम तो जीवन डोर थी मेरी
तुम ही तो निशि के बाद की भोर थी मेरी
इससे ज्यादा तुमसे अब
क्या कहें

www.ingramcontent.com/pod-product-compliance
Ingram Content Group UK Ltd.
Pitfield, Milton Keynes, MK11 3LW, UK
UKHW042001230426
12048UKWH00009B/473